BEI GRIN MACHT SICH IHR
WISSEN BEZAHLT

Anonym

Das Ritterliche Tugendsystem in Wolframs von Eschenbach „Parzival"

GRIN Verlag

Bibliografische Information der Deutschen Nationalbibliothek:

Die Deutsche Bibliothek verzeichnet diese Publikation in der Deutschen National-
bibliografie; detaillierte bibliografische Daten sind im Internet über http://dnb.d-
nb.de/ abrufbar.

Impressum:

Copyright © 2014 GRIN Verlag GmbH
Druck und Bindung: Books on Demand GmbH, Norderstedt Germany
ISBN: 978-3-656-90786-2

Dieses Buch bei GRIN:

http://www.grin.com/de/e-book/293344/das-ritterliche-tugendsystem-in-wolframs-
von-eschenbach-parzival

GRIN - Your knowledge has value

Der GRIN Verlag publiziert seit 1998 wissenschaftliche Arbeiten von Studenten, Hochschullehrern und anderen Akademikern als eBook und gedrucktes Buch. Die Verlagswebsite www.grin.com ist die ideale Plattform zur Veröffentlichung von Hausarbeiten, Abschlussarbeiten, wissenschaftlichen Aufsätzen, Dissertationen und Fachbüchern.

Besuchen Sie uns im Internet:

http://www.grin.com/

http://www.facebook.com/grincom

http://www.twitter.com/grin_com

Johann Wolfgang Goethe – Universität Frankfurt am Main

Fachbereich 10: Institut für Deutsche Literatur und ihre Didaktik

Ältere deutsche Literatur

Seminar: Rittertum und Literatur im Mittelalter

Wintersemester 2013/2014

Das „Ritterliche Tugendsystem"

-

Inwiefern werden die erforderlichen Tugenden eines Ritters in Wolfram von Eschenbachs „Parzival" auf den gleichnamigen Helden angewandt?

Bachelor, Germanistik Hauptfach und Geschichte Nebenfach

Fachsemester 4

Inhaltsverzeichnis

1. Einleitung

Im Folgenden soll das mittelalterliche Werk „Parzival" von Wolfram von Eschenbach näher betrachtet werden. Es handelt sich hierbei um eine fiktive Erzählung über den jungen Helden Parzival, der sich in zahlreichen Prüfungen bewähren muss und anschließend Gralskönig wird. Das Werk stammt aus dem frühen 13. Jahrhundert und zählt zu den Artusromanen, welche auf Chrétien des Troyes zurückgehen. Es lässt sich somit in die matiére Bretagne einordnen.[1]

Besonderes Augenmerk liegt bei dieser Arbeit auf dem „Ritterlichen Tugendsystem", welches erstmals von Gustav Ehrismann analysiert und festgehalten wurde. Bei seiner Analyse bezieht er sich vor allem auf Erkenntnisse aus der Antike und bedient sich der Darstellung von Rittern in literarischen Texten aus dem Mittelalter.[2] In erster Linie soll ein Verglich zwischen der Analyse von Ehrismann und der Darstellung Eschenbachs, in Bezug auf die ritterlichen Tugenden des Parzivals, erarbeitet werden. Es wird der Frage nachgegangen, inwiefern sich das „Ritterliche Tugendsystem" mit der im Parzival geschilderte Erziehung und Ausbildung zum Ritter vereinbaren lässt? Um ein eindeutiges Ergebnis zu erlangen, steht vor allem seine Kindheit und seine Jugend unter Beobachtung, da sich in diesem Lebensabschnitt der Werdegang eines Ritters am deutlichsten nachvollziehen lässt

Hierzu werden zunächst einmal der Ritterbegriff und seine Entstehung geklärt und erläutert. Anschließend folgt dann eine Betrachtung des „Ritterlichen Tugendsystems" nach Ehrismann und es sollen die wichtigsten Aspekte eines tugendhaften Ritters herausgearbeitet werden. Auf diesem Hintergrund wird zunächst eine kurze Übersicht über das hier behandelte Werk von Wolfram von Eschenbach gegeben. Des Weiteren wird dann auf den „Parzival" Eschenbachs eingegangen und sein Werdegang vom Kind zum Ritter geschildert. Abschließend erfolgt ein Vergleich, welcher deutlich machen soll, inwiefern die Analyse von Ehrismann sich mit den Tugenden im Parzival deckt oder ob es gravierende Unterschiede gibt, wodurch eine Allgemeingültigkeit von Ehrismanns Arbeit nichtig wird.

---

[1] Vgl. Michael Dallapiazza: Wolfram von Eschenbach: Parzival. In: Klassiker Lektüren. Bd. 12. Berlin, 2009. S.21.
[2] Vgl. Gustav Ehrismann: Die Grundlagen des ritterlichen Tugendsystems. In: Günter Eifler (Hg.). Ritterliches Tugendsystem. Wege der Forschung. Bd. 56. Darmstadt, 1970. S.1.

2. Der Ritterbegriff

„Die Ritter sind bekanntlich ein Kriegerstand zu Pferd, bestehend aus dem alten Adel bis zum Kaiser hinauf und aus Ministerialen, unfreien Dienstleuten. Als Ritter sind sie untereinander trotzdem gleich und bilden den Ritterstand."[3]

Mit dieser Definition soll ein kleiner Einblick in das Verständnis der Ritter gegeben werden. Das sich hinter ihnen jedoch viel mehr als nur der kriegerische Aspekt verbirgt, wird meistens außer Acht gelassen. Eine Vielzahl von Elementen bestimmt das komplexe Gebilde eines Ritters. Welche genau alle dazu gehören und wie sich der Ritterbegriff weiter definieren lässt, soll im Folgenden betrachtet werden.

In der geschichtlichen Forschung herrscht weitestgehend Einigkeit über die Herkunft der Ritter. Sie treten als militärische Krieger in Erscheinung, deren Merkmal das Pferd darstellt. Der Ursprung des Wortes „Ritter" lässt sich im mittelhochdeutschen „Reiter, Riter" finden, was nichts anderes bedeutet als berittener Kämpfer.[4] Diese Kennzeichnung lässt sich das erste Mal ab dem Ende des 11. Jahrhunderts finden. Zuvor gab es noch keine klare Abtrennung zwischen berittenen und unberittenen Soldaten; sie alle wurden als „Ritter" definiert. Jedoch ist auch am Ende des 11. Jahrhunderts die Definition eines Ritters noch nicht vollkommen ausgereift. Sie dient eher zu einer Abgrenzung gegenüber Bauern und Geistlichen, denn auch Könige und andere Adelige werden zu dieser Zeit als Ritter bezeichnet und stehen in der Hierarchie gewiss weitaus höher als der normale berittene Soldat. [5]

Als Gemeinsamkeit lassen sich jedoch das Gefühl einer Verbundenheit und eine gewisse Abhängigkeit sehen. Alle Ritter befinden sich in einer bestimmten Verpflichtung zueinander, denn sie sind Höhergestellten zu Treue und Dienst verpflichtet und ebenso haben sie wiederum ihnen Unterstellte, welche in ihrem Dienst stehen. Das Konstrukt des Rittertums beruht auf dem Lehenswesen und findet darin auch seine Beständigkeit. Durch die gegenseitige Verpflichtung lässt sich eine ritterliche Dienstbindung feststellen, welche als „Kern des Rittertums" zu sehen ist.[6]

---

[3] Vgl. Hans Naumann: Deutsche Kultur im Zeitalter des Rittertums. Potsdam, 1938. S.11.
[4] Vgl. Matthias Lexer: Mittelhochdeutsches Taschenwörterbuch. 38. Aufl. Stuttgart, 1992. S.170.
[5] Vgl. Dieter Vogt: Ritterbild und Ritterlehre in der lehrhaften Kleindichtung des Stricker und im sog. Seifried Helbling. In: Europäische Hochschulschriften: Reihe 1, Deutsche Sprache und Literatur. Bd. 845. Frankfurt am Main, 1985. S.14-15.
[6] Vgl. Joachim Bumke: Studien zum Ritterbegriff im 12. und 13. Jahrhundert. Heidelberg, 1964. S.68.

Ab dem Anfang des 13. Jahrhunderts lässt sich eine der wichtigsten Veränderungen im Rittertum feststellen. Der Begriff Ritter ist nicht nur mehr eine Abhebung gegenüber Bauern und Geistlichen; sie dient von nun an als Privileg und zur Abgrenzung eines Standes. Es kann nicht mehr jeder Ritter werden, Voraussetzung ist adlige Abstammung, welche die erforderliche Ritterbürtigkeit einschließt. Nur durch sie kann die Ritterwürde erlangt werden und man wird in den elitären Kreis der Ritterschaft aufgenommen, welcher sich zu diesem Zeitpunkt als eigener Stand gegenüber der übrigen Gesellschaft sortiert hatte. Mit dieser Entwicklung geht eine weitere Neuerung einher, denn Ritter sehen sie sich selbst nicht mehr nur als militärische Reiter, sondern durch ihre neue gesellschaftliche Position und den verstärkten Zusammenhalt in der Gruppe, bilden sich kulturelle und sittliche Werte, welche von da an unabdinglich für einen Ritter sind. Dieser Wandel lässt sich darauf zurückführen, dass der Adel nun das Rittertum bestimmt und dieses Privileg auf sich überträgt, wodurch auch dessen bereits vorhanden Ideale und Wertvorstellungen für den neuen Ritterstand gelten.[7]

Ebenso verantwortlich für die Entstehung dieser Tugenden, wodurch sich Ritter von nun an, neben ihren militärischen Leistungen, identifizieren, sind zum einen die Kreuzzüge und zum anderen das Lehnswesen. Denn durch dieses Konstrukt sind die Ritter zu Treue, Ergebenheit und Verlässlichkeit verpflichtet und eben diese Eigenschaften sind unter anderem ausschlaggebend für die Definition eines Ritters.[8] Die Kreuzzüge haben einen entscheidenden Einfluss auf die Popularität und das Ansehen der Ritter, denn durch sie erfolgt eine Idealisierung und die Gemeinschaft der Ritter rückt näher zusammen, um gemeinsam für ein Ziel einzustehen. Diese Konstellation von untergebenem Krieger und engem Zusammenhalt einer privilegierten Gruppe prägte vor allem die Literatur des Mittelalters. Durch diese Überlieferungen entstand das Bild eines höfischen Ritters, welches noch bis heute Bestand hat.[9]

Es gehört jedoch bei weitem mehr dazu, als nur treu und ein guter Krieger zu sein, um als Ritter angesehen zu werden. Alle Eigenschaften und Voraussetzungen, die von einem angehenden Ritter erbracht werden müssen, lassen sich mit einem ritterlichen Tugendsystem zusammenfassen. Dieses „Ritterliche Tugendsystem" stellt alle ethischen Vorstellungen zusammen und untersucht eben diese Moralvorstellungen auf ihre Herkunft, um ein genaues Bild darüber abgeben zu können, inwiefern ihre Darstellung in

---

[7] Vgl. Dieter Vogt. Frankfurt am Main, 1985. S.16-17.
[8] Ebd. Dieter Vogt. S.17.
[9] Ebd. Dieter Vogt. S.18.

der mittelalterlichen Literatur übereinstimmt oder ob es sich eventuelle Abweichungen finden lassen. Dieses System, welches erstmals von Gustav Ehrismann 1919 zusammengestellt wurde, soll im nun Folgenden untersucht und dargestellt werden.[10]

3. Das „Ritterliche Tugendsystem" von Gustav Ehrismann

Gustav Ehrismann bezieht sich in seiner Arbeit vor allem auf die Erkenntnisse der griechischen Philosophie, welche sich unter anderem auf Platon und Aristoteles stützt. Auf diese beiden geht auch Ehrismann bei seinem „Ritterlichen Tugendsystem" ein und übernimmt ihre Meinungen zum Wesen der Tugenden.[11]

In der allgemeinen Sittenlehre ist die Glückseligkeit das höchste Gut, welches einem Menschen widerfahren kann. Diese Meinung vertritt auch Platon; für ihn bedeutet dieses Glück ebenfalls eine Vollkommenheit der Seele. Er gelangte zu einer Dreiteilung der Seelenkräfte, welche in Verbindung mit einem vierten Aspekt eben diese Glückseligkeit verschaffen können. Diese Kräfte sind: Vernunft, Mut und Begierde. Sie unterliegen wiederum drei Charaktertypen, deren Verbindung unabdinglich für die menschliche Seele ist. So ist es die Aufgabe der Vernunft die Weisheit zu pflegen, die Willenskraft obliegt der Tapferkeit und die Begierde der Selbstbeherrschung. Werden diese drei Kräfte mit der Gerechtigkeit in Verbindung gebracht, so erlangt man das richtige Verhältnis, welches dem Menschen die Glückseligkeit verschaffen kann.[12]

Diese Sittenlehre von Platon wurde durch Aristoteles Ansichten weiter ausgearbeitet und bringt eine entscheidende Ergänzung mit sich. Für ihn kann das Wesen der Tugend nur durch die Einhaltung des richtigen Maßes komplementiert werden. Außerdem ist für ihn die Tugend ein Verhalten der Seele, wobei er die Tugend wiederum in zwei Teile spaltet. Zum einen die des Denkens, welche sich der Vernunft bedient und zum anderen die der Beherrschung von Affekten. Dieser Teil bedient sich eher der sittlichen und ethischen Tugenden. In Folge dieser Zweiteilung und dem Hinzuziehen des richtigen Maßes ergibt sich für Aristoteles ein abgestuftes Werteverhältnis der Tugenden. An erster Stelle stehen hierbei die Vernunft und das Denken, an zweiter Stelle sieht er alle anderen

---

[10] Ebd. Dieter Vogt. S.21.
[11] Ebd. Dieter Vogt. S.21.
[12] Vgl. Gustav Ehrismann. Darmstadt, 1970. S.1.

Tugenden, wie die Begierde und den Mut. Zum Schluss nennt er die äußeren Güter, wie Besitztümer und Reichtum, welche als die schwächste Tugend von ihm angesehen werden.[13]

Bringt man nun diese beiden Ansichten zusammen, so lässt sich nach Ehrismann das „Ritterliche Tugendsystem" darauf begründen und dient zur „Grundlage für die Moralphilosophie des Altertums."[14] Des Weiteren befasst sich Ehrismann mit den Arbeiten von Cicero und Augustinus. Cicero bedient sich ebenfalls einer abgeschwächten Dreiteilung, worin er die Werte des Menschen einteilt. Zuerst nennt er das höchste Gut, welches sich auf den vollendeten und weißen Menschen bezieht, das „summum bonum", als zweites wird von ihm das sittliche Gute thematisiert, welches sich auf die eigentlichen Tugenden bezieht und das praktische Lebensverhalten betrifft, die „honestum". Abschließend befasst er sich mit den äußeren Gütern, den „utile".[15]

Als letzten Aspekt zieht Ehrismann nun die Auffassung der christlichen Theologie hinzu, wobei er sich auf die Ansichten von Augustinus beruft. Er gliedert die Dreiteilung Ciceros wiederum in moraltheologische und moralphilosophische Bereiche. Die Lehre vom höchsten Gut würde der Theologie angehören, da es sich hierbei um die Lehre Gottes handeln würde. Die äußeren Güter würden sich ausschließlich mit der Philosophie befassen, aber die Lehre von den eigentlichen Tugenden würde sowohl Theologie als auch Philosophie betreffen.[16]

Aufgrund dieser vier Betrachtungen kommt Ehrismann zu dem Schluss, dass sich sowohl das sittliche Leben als auch die Ausbildung des ritterlichen Ethos auf die drei Werte von „summum bonum", „honestum" und „utile" zurückführen lassen. Eine Kräftigung seiner Annahme sieht er in den Schriften von Walther von der Vogelweide. Durch diese möchte er eine Übertragung der lateinischen Worte in das Mittelhochdeutsche schaffen. Er bezieht sich hierbei auf „gôtes hulde", welches die Rolle von „summum bonum" einnimmt, die „honestum" wird durch die „êre" dargestellt und die „utile" vergleicht er mit „varnde guot". Damit lassen sich nach Ehrismann seine Überlegungen, welche sich auf die Erkenntnisse des Altertums stützen, mit dem moralischen Wertesystem im Mittelalter verbinden und bestätigen.[17]

---

[13] Ebd. Gustav Ehrismann. S.2.
[14] Ebd. Gustav Ehrismann. S.3.
[15] Ebd. Gustav Ehrismann. S.3.
[16] Ebd. Gustav Ehrismann. S.4.
[17] Ebd. Gustav Ehrismann. S.4.

Mit diesem Vergleich gelingt es Ehrismann zum ersten Mal einen Bezug zwischen Rittern und der Dichtung des Mittelalters herzustellen. Jedoch ist festzuhalten, dass es sich hierbei eher um eine Idealisierung und moralische Richtlinien handelt, als um einen vollständigen Überblick des ritterlichen Ethos. Denn es sind bei weitem mehr Tugenden, nach denen ein Ritter lebte, als nur die drei von Ehrismann beschriebenen.[18]

Jeder der drei Werte, welche von Ehrismann angeführt werden, lassen sich noch weiter unterteilen. Erst durch eine genauere Gliederung lässt sich das komplexe Tugendsystem offenbaren und zudem gibt es noch weitere Tugenden, welche nicht von Ehrismann erwähnt wurden. Zu dem ersten Wertegebiet lässt sich sagen, dass die „gôtes hulde" dem Ritter abverlangt, Gott als seinen obersten Herren anzusehen. Dieses Versprechen schließt die „triuwe" als weitere Tugend mit ein und stellt eine Verbindung zwischen christlicher und ritterlicher Morallehre dar.[19]

Zur „êre" ist zu sagen, dass sie immer mit der „mâze" einhergeht; sie verlangt von dem Ritter immer das richtige Maß anzuwenden und zwingt ihn zur Selbstbeherrschung. Sie kann sowohl als Einzeltugend als auch als notwendiger Bestandteil jeder einzelnen Tugend gesehen werde. Sie definiert sich nach Sigurd Eichler folgendermaßen: „Die harmonische Einheit von Geist, Seele und Trieb" umso „die innere und äußere Ordnung des Individuums" aufrechtzuerhalten.[20]

Weiter lässt sich zur „êre" sagen, dass man hier nicht von einer Abschwächung gegenüber der „gôtes huld" sprechen kann. Sie ist die wichtigste Eigenschaft, welche einen Ritter ausmacht. Durch sie wird er vor seinen Mitmenschen und Gott ausgezeichnet und sie verschafft ihm gesellschaftliche Hochschätzung. Ihr Verlust ist das Tragischste was einem Ritter zustoßen kann.[21]

Die dritte Tugend, das „varnde guot", beschreibt nicht nur die materiellen Besitztümer, sondern auch noch das Aussehen und nötige Kraft, welche ein Ritter im Kampf aufbringen muss.[22]

---

[18] Vgl. Dieter Vogt. Frankfurt am Main, 1985. S.27.
[19] Ebd. Dieter Vogt. S.28.
[20] Ebd. Dieter Vogt. S.28.
[21] Ebd. Dieter Vogt. S.29.
[22] Ebd. Dieter Vogt. S.31.

Weitere Tugenden lassen sich vor allem im höfischen Bereich finden. Dies ist zunächst die „minne". Sie kann ebenfalls dazu dienen, „êre" zu erlangen und verpflichtet den Ritter dazu, sich in den Dienst einer geliebten Frau zu stellen. Neben der „minne" zählen noch die „zuht" und die „hövescheit". Die „zuht" bezeichnet die höfische Erziehung, welche Grundvoraussetzung für einen Ritter ist. Die „hövescheit" drückt das angemessene Benehmen bei Hofe aus und ist in Verknüpfung mit der „courtoisie" zu sehen, womit das Taktgefühl und der Umgang mit Frauen gemeint sind. Als letzten Wert des höfischen Bereichs ist die „fröude" genannt. Sie beschreibt die Lebensfreunde, wodurch der Ritter in der Lage ist, sich in die Gesellschaft einzugliedern.[23]

Zum Bereich außerhalb des höfischen Lebens zählt die „staete". Sie beschreibt die Festigkeit immer gemäß den Tugenden zu handeln. Durch sie kann der Ritter ebenfalls seine „triuwe" unter Beweis stellen. Dies bedeutet in Verbindung mit „staete", dass er auch zu seinen Gefolgsleuten dieselbe Loyalität entgegenbringt wie Gott. Des Weiteren gehören die „saelde", welche ausschlaggebend für die vollbrachte Tat ist und die „arebeit", sie bezeichnet die Aufgaben, die ein Ritter zu erfüllen hat, zu den Tugenden außerhalb des Hofes. Abschließend ist die „milte" zu nennen, sie ist verantwortlich für Barmherzigkeit und Großmut gegenüber den Armen.[24]

Alle diese nun genannten Tugenden bilden gemeinsam mit den bereits dargestellten von Ehrismann das komplexe Konzept, welches sich hinter dem „Ritterlichen Tugendsystem" verbirgt. Sie bilden die Lebensgrundsätze, an die sich ein Ritter zu halten hatte. Inwiefern diese Tugenden sich auch in den mittelalterlichen Arbeiten wiederfinden lassen, wie bereits von Ehrismann erwähnt, soll im Folgenden untersucht werden. Hierzu dient Wolfram von Eschenbachs „Parzival", welcher zu den Artusromanen zählt und dadurch die Voraussetzungen eines solchen Vergleiches bestens erfüllt.

4. Grundlagen zum Parzival als Artusroman

Das Werk „Parzival" von Wolfram von Eschenbach entstand nach Schätzungen und Anhaltspunkten in seinem Werk in der ersten Hälfte des 13. Jahrhunderts. Es handelt sich um einen fiktiven Versroman der mittelhochdeutschen Höfischen Literatur. Das

---

[23] Ebd. Dieter Vogt. S.30.
[24] Ebd. Dieter Vogt. S.31.

Werk umfasst 25.000 Verse und gilt zudem als eines der einzigartigen Werke in Bezug auf seine Ausbreitung. Nach dem heutigen Stand der Erkenntnisse sind 85 Texte des Parzivals überliefert, was eben zu dieser Erkenntnis der Einzigartigkeit führt. Mit der Arbeit von Karl Lachmann, der 1833 die erste kritische Edition erstellte, lässt sich das gesamte Werk heute auf 16 Bücher zusammenfassen. Diese Bücher gehen auf die Über-lieferung von 1477 zurück, wobei es sich zum ersten Mal um vollständig erhaltene Handschriften handelte.[25]

Über den Autor Wolfram von Eschenbach lässt sich sagen, dass seine Existenz nicht eindeutig nachweisbar ist, er jedoch immer wieder von Zeitgenossen erwähnt wird. Ein Geburts- oder Sterbenachweis gibt es hingegen nicht. Auch die Erstellung seines Wer-kes ist nicht eindeutig auf ihn zurückzuführen. Man geht zwar auf Grund mehrmaliger Erwähnung „Ich Wolfram von Eschenbach" im Parzival davon aus, dass er der Schöpfer ist, jedoch lässt sich auch dies nicht eindeutig beweisen.[26]

Es handelt sich bei seinen Werken vermutlich um Auftragsarbeiten, welcher er unter an-derem für den Landgrafen Hermann von Thüringen anfertigte. Zusätzlich genoss er je-doch auch die Gunst zahlreicher Gönner, die ihn für seine Arbeiten großzügig entlohn-ten und die nötigen Mittel zur Verfügung stellten. Auf Grund dieser Umstände lässt sich nicht mit Gewissheit sagen, ob es sich bei „Parzival" um eine Auftragsarbeit oder aber ein Werk zur allgemeinen Unterhaltung handelt.[27]

Zu dem Werk „Parzival" lässt sich sagen, dass Eschenbach sich an der Vorlage des Ar-tusromans von Chrétien de Troyes bediente. Dieser gilt als Begründer der sagenhaften Darstellungen von König Artus und seiner Tafelrunde, welche sich eben auch unter andrem mit den Geschichten des Parzival beschäftigen. Damit lässt sich dieses Werk, genau wie die Vorlage, in die matière de Bretagne einordnen, die sich mit der Artuse-pik, dem Gralsroman und dem Tristanroman beschäftigt. Besonders deutlich lässt sich die Zugehörigkeit des Parzivals an dieser Stofftradition an der Doppelwegstruktur er-kennen. Sie dient als signifikantes Element der Artusromane. Behandelt wird darin der Aufbruch des literarischen Helden zur „Aventiure", wodurch er Ansehen, Ruhm und Ehre zu erlangen versucht.[28] Der Begriff Doppelwegstruktur lässt sich mit Hilfe dieser

---

[25] Vgl. Michael Dallapiazza. Berlin, 2009. S.21.
[26] Ebd. Michael Dallapiazza. S.11.
[27] Ebd. Michael Dallapiazza. S.11.
[28] Vgl. Matthias Lexer. Stuttgart, 1992. S.8.

Reise des Ritters erklären, da er zunächst von Artushof aufbricht, sich dann nach dem ersten Teil seiner Reise dort wieder einfindet, bevor er erneut aufbricht und sich dann am Ende seiner Mission wieder an der Tafelrunde einfindet.[29]

Mit dieser kurzen Einführung, soll nun das Werk von Eschenbach genauer betrachtet werden. Sicher bietet der gesamte Parzival viele Ansätze für eine genauere Betrachtung unterschiedlichster Aspekte. Aufgrund der umfassenden Themen, welche darin verarbeitet werden, soll jedoch zunächst die Jugend und besonders die ritterliche Erziehung Parzivals genauer betrachtet werden.[30] Am Ende soll dann ein möglicher Vergleich zwischen dem „Ritterlichen Tugendsystem" nach Ehrismann und dem Werdegang Parzivals erarbeitet werden. Unter Berücksichtigung dieses Vorhabens, folgt nun ein kurzer Einblick in Parzivals Herkunft und Jugend, bevor es dann um seine ritterliche Erziehung geht.

5. Parzivals Jugend und seine ritterliche Erziehung

Parzival wird als Sohn von Königin Herzeloyde nach dem Tod seines Vaters, des Ritters Gahmuret, geboren. Mit seiner Geburt gelingt es seiner Mutter, sich von dem Schmerz über den Verlust ihres Gatten abzulenken. Jedoch verbindet sie mit ihrem Sohn schon zu Beginn die Angst eines erneuten Verlustes, da sie befürchtet, auch ihr Sohn könne eines Tages seinem Vater folgen und wie er ein Ritter werden. Mit diesem Werdegang verbindet sie großes Leid, da Gahmuret in Folge seines Ritterseins starb. Auf Grund dessen beschließt sie, ihren Sohn Parzivals fern vom Hof großzuziehen und ihm die Möglichkeit seiner Ritterlichkeit vorzuenthalten.[31]

> „beidiu siufzen unde lachen kunde ir munt vil wol gemachen. Si vröute sich ir suns geburt: ir schimpf ertranc in riuwen vurt."[32] „van vriesche daz mînz herzen trut, welh ritters leben waere, daz wurde mir vil swaere."[33] „der knappe alsus verborgen wart zer waste in Soltâne erzogen, an küneclîcher vuore betrogen;"[34]

[29] Vgl. Michael Dallapiazza. Berlin, 2009. S.15-16.
[30] Vgl. Friedrich Maurer: Dichtung und Sprache des Mittelalters. 2. Aufl. Bern, 1971. S.444.
[31] Vgl. Anja Russ: Kindheit und Adoleszenz in den deutschen Parzival- und Lancelot Romanen. Stuttgart, 2000. S.38.
[32] Vgl. Wolfram von Eschenbach: Parzival. Karl Lachmann (Hg.). Bd1. Frankfurt am Main, 2006. 114,1.
[33] Ebd. Wolfram von Eschenbach: Parzival. 117,24.
[34] Ebd. Wolfram von Eschenbach: Parzival. 117,30.

Während seiner Kindheit gelingt es Herzeloyde zwar, Parzival von Rittern fernzuhalten und sie verbietet auch all ihren Untertanen je davon zu sprechen. Jedoch lässt sich schon früh erkennen, dass auch Parzival das ritterliche Geschick seines Vaters geerbt hat. Zwar kann er sein Verlangen nicht verstehen oder zuordnen; es wird aber schnell klar, dass er ebenfalls zum Ritter geboren wurde. Diese Begebenheit drückt sich vor allem durch seine Leidenschaft zum Jagen aus.[35] *„bogen unde bölzelîn die sneit er mit sîn selbes hant, und schôz vil vogele die er vant."*[36]

Neben seiner besonderen Affinität zum Jagen und der damit verbunden Kraft, über welche er schon sehr früh verfügt, wird vor allem seine Schönheit immer wieder betont. Zwar scheint es, dass er nicht sonderlich Intelligent ist; sein Aussehen jedoch wird immer wieder erwähnt und von allen bewundert.

„dich brâht zer welde ein reine wîp. Wol der muoter diu dich bar! Ine gesach nie lîp sô wol gevar. du bist der wâren minne blic, ir schumphentiure unde ir sic."[37]
„die hete got den wunsch gegebn, ob du mit witzen soldest leben."[38]

Mit dieser innerlichen Begierde, welche schon zu Beginn an bei Parzival vorhanden ist und seiner großen Begeisterung für die Jagd, sieht Herzeloyde ihre ganzen Bemühungen, ihn vom Rittertum fernzuhalten, gefährdet. Sie greift zu einer drastischen Maßnahme und lässt anordnen, alle Vögel umzubringen, damit Parzival nie wieder durch ihren Gesang, welcher Auslöser für sein ihm unerklärliches Verlangen nach etwas Fremden ist, beeinflusst wird und auch das Jagen sein lässt. *„si wart wol innen daz zeswal von der stimmt ir kindes brust. des twang in art und sîn gelust"*[39]

Durch dieses Handeln Herzeloydes wird zum ersten Mal das Mitgefühl Parzivals verdeutlicht und auch Herzeloyde muss sich eingestehen, dass sie mit ihrer Tat Gottes Schöpfungen angegriffen hat. Daraufhin kommt es zum Gespräch zwischen Mutter und Sohn, worin sie ihm ihre Gotteslehren überträgt.[40]

---

[35] Vgl. Anja Russ. Stuttgart, 2000. S.41.
[36] Vgl. Wolfram von Eschenbach: Parzival. 118,4.
[37] Ebd. Wolfram von Eschenbach: Parzival. 146,6.
[38] Ebd. Wolfram von Eschenbach: Parzival. 124,19.
[39] Ebd. Wolfram von Eschenbach: Parzival. 118,26.
[40] Vgl. Anja Russ. Stuttgart, 2000. S.43.

„er ist noch liehter denne der tac, der antlitzes sich bewac nâch menschen antlit-
ze. sun merke eine witze, und flêhe in umbe dîne nôt: sîn triwe der welde ie helfe
bôtt."⁴¹

Nach dieser Gotteslehre von Herzeloyde folgt anschließend die erste Begegnung Parzivals mit einer Gruppe von Rittern. Auch wenn sie immer versucht hatte, ihren Sohn von
solch einer Begegnung fernzuhalten, gelingt ihr dies am Ende nicht. Parzival, der sich
zu diesem Zeitpunkt fern von seiner Mutter im nahegelegenen Wald aufhält, hält die
Gruppe Ritter zunächst für die Erscheinung Gottes, da er von ihren Rüstungen so ge-
blendet ist und sich die Worte der Mutter ins Gedächtnis ruft, dass Gott so hell scheint
wie die Sonne selbst und ein Abbild der Menschen ist. *„den dûhet er als ein got getân:*
ern hete sô liehtes niht erkant."⁴²

Aufgrund dieser Begegnung ist er so fasziniert von den Rittern, dass er beschließt,
selbst eine solcher zu werden und sich auf den Weg zu König Artus machen will, so wie
es ihm der Ritter geraten hatte. *„muoter, ich sach vier man noch liehter danne got*
getân: die sagen mir von ritterschaft. Artûs küneclîchiu kraft sol mich nâch rîters êren
an schildes ambet kêren."⁴³ Nachdem er seiner Mutter von seinem Vorhaben berichtet
hatte, sieht diese ein, dass sie ihn nicht länger bei sich behalten kann und willigt ein ihn
ziehen zulassen. Sie gibt ihm noch eine weitere Lehre mit auf den Weg, worin sie auf
der einen Seite versucht, Verpasstes nachzuholen und auf der anderen Seite erhofft sie
sich dadurch, dass Parzival zu ihr zurückkehrt und erteilt ihm eine nicht vollständige
Lehre.⁴⁴

„an ungebanten strâzen soltu tunkel fürte lâzen: [...] op dich ein grâ wîse man
zuht wil lêrn als er wol kan, dem soltu gerne volgen, und wis im niht erbolgen.
Sun, lâ dir bevolhen sîn, swa du guotes wîbes vingerlîn mügest erwerben unt ir
grouz, daz nim : ez tout dir kumbers bouz. Du solt zir kusse gâhen und ir lîp vat
umbevâhen: daz g ît gelücke und hôhen muot, op si kiusche ist unde guot."⁴⁵

Mit diesen Worten bricht er von seiner Mutter auf und macht sich auf den Weg zu König Artus, wobei er zunächst auf den Roten Ritter König Ither trifft, welcher ihm den

---

⁴¹ Vgl. Wolfram von Eschenbach: Parzival. 119,19.
⁴² Ebd. Wolfram von Eschenbach: Parzival. 121,30.
⁴³ Ebd. Wolfram von Eschenbach: Parzival. 126,9.
⁴⁴ Vgl. Anja Russ. Stuttgart, 2000. S.49.
⁴⁵ Vgl. Wolfram von Eschenbach: Parzival. 127,15.

13

rechten Weg zur Burg des Königs weist. Als Parzival auf der Burg angekommen ist, lässt er sich sofort zu König Artus führen und verlangt von diesem umgehend den Ritterschlag. Alle Anwesenden und auch Artus sind so fasziniert von seiner Schönheit und seinem unbeholfenen Auftreten, dass der König einwilligt ihn in seinem Gefolge aufzunehmen und bietet ihm an, ihn zum Ritter auszubilden. Parzival verspricht ihm die Treue und fordert im Gegenzug die Rüstung König Ithers. Artus versichert ihm, wenn er sie sich selbst beschaffen kann, solle sie ihm gehören. Daraufhin bricht er umgehend auf und fordert Ither zum Kampf. Bei diesem Kampf verliert Ither sein Leben und Parzival bemächtigt sich seiner Rüstung.[46] Als er sich jedoch auf den Weg zurück zum Hof des König Artus machen will, findet er den Weg dorthin nicht mehr zurück und verirrt sich. Als er nach vielen Stunden des Umherirrens eine Burg entdeckt, nimmt er an, es sei die des Königs. Es stellt sich aber heraus, dass sie König Gurnemanz gehört und dieser nimmt sich des jungen Parzivals an und bildet ihn zum Ritter aus. Durch dessen Lehre gelingt es Parzival, ein Ritter zu werden und er nimmt alle seine Lehren an.[47]

„habt iuch an mînen rât: [...] ir sult niemer iuch verschemn. [...] ist hôch und hoeht sich iwer art, lât iweren willen des bewart, iuch sol erbarmen nôtec her: gein des kumber sît ze wer mit milte und mit güete: vlîzet iuch diemüete. der kumberhafte werden man [...] dem sult ir helfe sîn bereit. [...] ir sult bescheidentlîche sîn arm unde rîche. [...] gebt rehter mâze ir orden. [...] nu lât der unfuoge ir strît. irn sult niht vil gevrâgen: ouch sol iuch niht beträgen [...] lât die erbärme bî der vrävel sîn. [...] daz ir getwagen und rougen unde an handen sît, [...] sît manlîch und wol gemout: [...] und lât iu liep sîn diu wîp: [...] noch sult ir lernen mêre kunst an rîterlîchen siten. [...] dâ sult ir künste nâhen. [...] aldâ behielt er schimpfes prîs: er wart ouch sît an strîte wîs, [...] al die wîsen im des jâhen, da füere kunst und ellen bî.“[48]

Abschließend soll nun das zu Beginn erläuterte „Ritterliche Tugendsystem" nach Ehrismann und die eben vorgestellte ritterliche Erziehung Parzivals miteinander verglichen werden, um so Gemeinsamkeiten oder Unterschiede herausarbeiten zu können. Mit diesem Vergleich soll gezeigt werden, inwiefern das „Ritterliche Tugendsystem", welches unter Betrachtung der mittelalterlichen Werke entstand, sich gleichermaßen auf die Er-

---

[46] Vgl. Anja Russ. Stuttgart, 2000. S.54-58.
[47] Vgl. Jörg Arentzen; Uwe Ruberg (Hgg.): Die Ritteridee in der deutschen Literatur des Mittelalters. Darmstadt, 1987. S.89.
[48] Vgl. Wolfram von Eschenbach: Parzival. 170,13.

zählung des Parzivals beziehen lässt und es somit eine gewisse Allgemeingültigkeit besitzt.

6. Abgleich des „Ritterlichen Tugendsystems" mit der Erziehung Parzivals

Nach Ehrismann wurde das „Ritterliche Tugendsystem" durch drei Faktoren entscheidend geprägt: Dem „summum bonum", welches das höchste Gut der Menschen, nämlich Gott, beschreibt, die „honestum", sie steht für die einzuhaltenden Tugenden, wie Ehre, Tapferkeit und Gehorsam, nach denen ein Ritter zu leben hat und als drittes die „utile", womit die äußeren Einflüsse gemeint sind.[49]

Versucht man nun diese drei Attribute im Eschenbachs „Parzival" zu finden, lässt die anfängliche Darstellung des jungen Helden zunächst daran zweifeln, dass es sich hierbei um einen Ritter handelt, welcher streng nach Tugendsystem erzogen wurde und ebenfalls danach lebt. Denn zunächst gleicht sein Auftreten einem naiven und Nichtwissenden Jüngling, der zwar danach strebt, ein Ritter zu werden, aber außer seinem vollkommenen Aussehen und seiner unglaublichen Kraft nicht viel gemein mit einem Ritter hat. Dieses Bild lässt sich jedoch im Laufe der Geschichte revidieren und man bekommt den Eindruck eines durchaus ehrwürdigen Ritters.[50]

Bereits das erste Merkmal lässt sich schon zu Beginn der Erzählung finden. Durch die Glaubenslehren seiner Mutter wird er zu einem gottesfürchtigen Mann. Er strebt von diesem Zeitpunkt an, sein gesamtes Handeln mit dem Willen Gottes zu vereinbaren und er nimmt diesen Glauben als seinen eigenen an. So lässt sich bereits der erste und auch entscheidenste Aspekt nach Ehrismann mit der Erzählung von Eschenbach vereinbaren.[51] *„lûte rief der knappe sân >hilf got: du maht wol helfe hân.<"*[52]

Geht man nun in chronologischer Reihenfolge weiter, lässt sich bei Eschenbach bereits der zweite Punkt in Bezug auf Ehrismanns Definition finden. Mit der zweiten Lehre seiner Mutter, übertragt Parzival eben einen Teil der „honestum" auf sich.[53] Zwar ist dieser

---

[49] Vgl. Gustav Ehrismann. Darmstadt, 1970. S.4.
[50] Vgl. Bruno Boesch: Lehrhafte Dichtung. Lehre in der Dichtung und Lehrdichtung im deutschen Mittelalter. In: Hugo Moser, Hartmut Steinecke (Hgg.). Bd.21. Berlin, 1977. S.32-33.
[51] Vgl. Anja Russ. Stuttgart, 2000. S.44-45.
[52] Vgl. Wolfram von Eschenbach: Parzival. 121,1.
[53] Vgl. Anja Russ. Stuttgart, 2000.S.50-51.

Punkt mit den Lehren der Mutter alleine nicht komplett abgedeckt, jedoch wird dieser anschließend noch durch Gurnemanz vollendet. Mit seiner Hilfe gelingt es Parzival, die Tugenden eines Ritters fürs sich zu übernehmen und so einen weiteren Punkt im Tugendsystem von Ehrismann einzulösen. Denn nun vereint er die nach Ehrismann wichtigsten Tugenden eines Ritters: Gehorsam, Achtung vor Frauen, Treue, Güte, Demut, Hilfsbereitschaft, Bewusstsein über Maß und Ziel, Freundlichkeit, Mitleid, Verstand, Mut, Ruhm, geschicktes Waffenhandwerk, gekonntes Reiten und Siege im Kampf.[54]

Auch der letzte und dritte Aspekt der „utile" wird von Eschenbachs Darstellung erfüllt. Denn die von Ehrismann beschriebenen äußeren Einflüsse, lassen sich durch das Erlangen der Rüstung des König Ithers nachweisen. Mit dieser Rüstung gelingt es Parzival, sich auch durch sein Aussehen anderen gegenüber zu beweisen und er steht ihnen in diesem Punkt in nichts nach. „ >*diu ribbalîn sulen niht underem îseren sîn: du solt nu tragen ritters kleit.<* "[55] Zu Beginn scheint jedoch gerade dieser Punkt sich nicht zu erfüllen, da er von seiner Mutter Herzeloyde in Thorenkleidung weggeschickt wurde, welche nicht standesgemäß für einen Ritter ist.[56] Mit Hilfe seiner Kraft kann er aber auch dies zu seinen Gunsten entscheiden und gewinnt die Rüstung im Kampf für sich. Außerdem willigt Gurnemanz ein, ihm seine Tochter zur Frau zugeben, woraufhin sich sein Besitz vermehrt. „*für sîner drîer süne tôt ist im ein gelt ze hûs geriten: nu hât in saelde niht vermiten.* "[57]

Zwar entspricht der Werdegang Parzivals nicht der üblichen oder der zu erwartenden Entwicklung eines Ritters, jedoch im Fortlauf der Geschichte kann er sich die notwendigen Tugenden aneignen und auf sich übertragen, so dass er am Ende seiner Ausbildung bei König Gurnemanz zu einem standesgemäßen und respektablem Ritter herangereift ist.[58]

---

[54] Vgl. Bruno Boesch. Berlin, 1977. S.37-38.
[55] Vgl. Wolfram von Eschenbach: Parzival. 156,25.
[56] Vgl. Anja Russ. Stuttgart, 2000. S.49.
[57] Vgl. Wolfram von Eschenbach: Parzival. 175,16.
[58] Vgl. Bruno Boesch. Berlin, 1977. S.38-39.

7. Resümee

Zusammenfassend lässt sich sagen, dass sich das „Ritterliche Tugendsystem" von Gustav Ehrismann sehr wohl auf den Werdegang Parzivals in dem gleichnamigen Werk Wolfram von Eschenbachs anwenden lässt, auch wenn es anfangs nicht den Anschein erweckt.

Der junge Parzival, der zunächst als unbeholfener und naiver Knabe bei seiner Mutter aufwächst, reift schnell zu einem Ritter heran. Schon zu Beginn lässt sich durch seine ungeheure Kraft, die er beim Jagen an den Tag legt und sein Mitgefühl, welches beim Tod der Vögel zum Vorschein kommt, seine Ritterlichkeit erahnen. Zwar bedarf es einiger Zeit und einer strengen Erziehung bis er zu einem standesgemäßen Ritter heran gereift ist. Nachdem er jedoch alle Aufgaben, die ihm gestellt wurden, mit Bravur erfüllt hatte, lässt sich sein ritterliches Benehmen und seine Tugendhaftigkeit mit dem System von Ehrismann vereinbaren.

Das System von Ehrismann sieht vor, dass ein Ritter in der mittelalterlichen Literatur über drei Grundlegende Eigenschaften verfügen muss. Zum einem die Ehrfurcht vor Gott, die „summum bonum", das Tugendhafte Verhalten eines Ritters, die „honestum" und die äußeren Einflüsse, die „utile". Alle diese Eigenschaften lassen sich vereint bei Parzival wiederfinden. Er verinnerlicht die Gotteslehre seiner Mutter und bekennt sich somit zu Gott und seinem Glauben. Weiter nimmt er die Lehre des Gurnemanz als die seinen an, wodurch er Mut, Ehre, Demut, Gutmütigkeit, Benehmen, Bescheidenheit, Ehrfurcht und ritterliches Geschick in sich vereint. Diese Eigenschaften zählen nach Ehrismann zu den notwendigen Attributen eines Ritters. Außerdem gelingt es ihm, durch seine schon zu Beginn vorhandene Kraft, auch noch die äußeren Begebenheiten, also materielle Werte, wie die rote Rüstung des König Ithers, für sich zu gewinnen. Abschließend lässt sich noch einmal festhalten, dass auch Gurnemanz in ihm einen vollkommenen Ritter sieht, da er bereit ist, ihn mit seiner Tochter zu vermahlen. Durch solch eine Heirat kann Parzival seinen Besitz noch erweitern und steht nun anderen Rittern in nichts mehr nach.

Es lässt sich also abschließend festhalten, dass es sich bei Parzival um einen Ritter mit allen erforderlichen Eigenschaften handelt und sich somit das „Ritterliche Tugendsystem" von Ehrismann in der Arbeit von Eschenbach wiederfinden lässt.

8. Literaturverzeichnis

- Arentzen, Jörg; Ruberg, Uwe (Hgg.): Die Ritteridee in der deutschen Literatur des Mittelalters. Darmstadt, 1987

- Boesch, Bruno: Lehrhafte Dichtung. Lehre in der Dichtung und Lehrdichtung im deutschen Mittelalter. In: Hugo Moser, Hartmut Steinecke (Hgg.). Bd.21. Berlin, 1977.

- Bumke, Joachim: Studien zum Ritterbegriff im 12. und 13. Jahrhundert. Heidelberg, 1964.

- Dallapiazza, Michael: Wolfram von Eschenbach: Parzival. In: Klassiker Lektüren. Bd. 12. Berlin, 2009.

- Ehrismann, Gustav: Die Grundlagen des ritterlichen Tugendsystems. In: Günter Eifler (Hg.). Ritterliches Tugendsystem. Wege der Forschung. Bd. 56. Darmstadt, 1970.

- Kühn, Dieter: Der Parzival des Wolfram von Eschenbach. Frankfurt am Main, 1986.

- Lexer, Matthias: Mittelhochdeutsches Taschenwörterbuch. 38. Aufl. Stuttgart, 1992.

- Maurer, Friedrich: Dichtung und Sprache des Mittelalters. 2. Aufl. Bern, 1971. 4

- Naumann, Hans: Deutsche Kultur im Zeitalter des Rittertums. Potsdam, 1938.

- Russ, Anja: Kindheit und Adoleszenz in den deutschen Parzival- und Lancelot Romanen. Stuttgart, 2000.

- Vogt, Dieter: Ritterbild und Ritterlehre in der lehrhaften Kleindichtung des Stricker und im sog. Seifried Helbing. In: Europäische Hochschulschriften: Reihe 1, Deutsche Sprache und Literatur. Bd. 845. Frankfurt am Main, 1985.

9. Quellenverzeichnis

- Eschenbach, Wolfram von: Parzival. Karl Lachmann (Hg.). Bd.1. Frankfurt am Main, 2006.

Lightning Source UK Ltd.
Milton Keynes UK
UKHW041244021118
331647UK00002B/294/P